ABU FAISAL SERGIO TAPIA

ABU FAISAL SERGIO TAPIA
ESSAI POLITIQUE, IX

CHRONIQUES
DE LA
CONDITION
HUMAINE

Première édition
Buenos Aires - Argentine

ESSAI POLITIQUE , IX

J'ai dédié ces Chroniques aux milliers
de enfants, femmes et hommes qui
tombent chaque jour à Gaza, Al-Quds
(Jérusalem occupée).
à Damas, Bagdad, Kaboul ... sous la
direction du chefs de guerre et de la
mort, qui dictent leurs peines et
choisissent le Moyen-Orient et le tiers
monde comme un cimetière pour leurs
affaires impérialistes.

Pour eux ma conscience écrite, faite
d'encre.

Abu Faisal Sergio Tapia

ESSAI POLITIQUE , IX

ABU FAISAL SERGIO TAPIA

TABLE

ESSAI POLITIQUE , IX

REMERCIEMENTS
à ceux qui cherchent la vérité au
milieu de la mort

I

Chronique sous le ciel de Gaza

Il est 6 heures dans ma tête l'appel du
muezzin lointain, qui se mêle à la voix
chaleureuse de ma mère qui me caresse
avec sa phrase: c'est le moment
habibi, je dois me lever à côté de mon
frère Ahmed pour aller à l'école, mon
père dans la cuisine boit du café, avec
son sourire de pêcheur de Gaza il me
donne son baiser sur le front avec son
Salam, il semblerait que je ne me

réveille pas, je tombe par terre à côté du
rugissement d'une forte explosion dans
mes oreilles, ça fait mal tout, non Je ne
vois rien, tout est blanc, tout est noir, je
sens des cris, je me sens pleurer, je sens
des voix, j'entends des
bruits venant du ciel, ce sont des avions
qui lancent des bombes ... mettant fin à
tout ce que j'aime ... mettant fin à mon
histoire ... mettant fin à ma
vie, juste pour être palestinien.

La radio annonce la mort d'une famille
de réfugiés, des dommages collatéraux
ont déclaré les ministres, la douleur de
l'innocent pleure l'humanité de cette
chronique urbaine.

.

II

YÉMEN

Chroniques annoncées du Yémen, chroniques de guerre et agression sur le Yémen, le pays le plus pauvre du monde arabe avec ses richesses d'énergie
souterraine, où plus de 40% de la production pétrolière mondiale traverse ses côtes, dans le Al-Mandeb étroite, et où son peuple a été enlevé par les intérêts impérialistes de la guerre contre sa terre.

III

Chronique: sous le ciel du Yémen

9 heures du matin, Mohamed entend le
bourdonnement des bombes qui
détruisent tout le marché ...
Des morceaux de rêves brisés
Les cris des enfants du Yémen oublié,
il y a plus de 5000 personnes
innocentes au calme
tandis que le roi saoudien a célébré
depuis le 26 mars sanglant
Yémen ...
Mon éternel Yémen
Je ne t'ai pas oublié.

Le Ministre du Royaume annonce le début du massacre sur l'ensemble du territoire yéménite, des bombes, des mercenaires et la mort sont préparés, c'est le 26
mars ... le début de tout mauvais

ABU FAISAL SERGIO TAPIA

Chronique
Mars au Yémen

Nous arrivons avec ma mère à l'école
au nord de   Sana'a   , où est mon ami
Ali,   gagné le concours de récitation du
Saint Coran, à la façon dont mon
grand-père dit que ce sera un grand al-
mueh, appelant à la prière dans la
profondeur de l'âme des hommes, pour
sa rencontre avec Allah ... Pour moi le
meilleur compagnon .. Ma mère me
donne mes friandises, déjà à la porte de
mon autre temps, et m'embrasse avec
son nouveau sourire, je lui dis au
revoir,
il m'a salué avec Ali, assalamu alaikum,
et tout a changé, je ne ressens rien, je
me sens étourdi, je suis au sol, cris, cris,
sirènes, tout est gris, noir,

je sens mon corps brûler, je sens le
murmure d'Ali, pas Je sais où il vient,
je ne vois pas, je ne me sens pas, juste
son chuchoté ... il dit qu'ils
nous ont attaqués, ils sont les bombes
du Roi diabolique, je me sens fatigué,
je pense que la mort saoudienne m'a
piégé, je demande juste que ma mère
soit
bien avec mes frères, Allah prends soin
d'eux ils sont quoi de plus J'ai aimé
Annonce la radio Amal de   Sana'a
dans la capitale yéménite, qui ont
assassiné 17 enfants par les bombes de
la Coalition du roi saoudien, combien
de vie
pétrolière a pris fin ...

.

IV

Chronique
Crimes au Yémen

Fatima - vous que l crimes contre l'
humanité commis par le régime
saoudien contre des civils au Yémen au
cours de ces plus de 1000 jours:
Il est l e équivalent à la population de
Berlin, Paris, Londres et Rome tous
ensemble bombardée pendant trois ans.

Plus de 200 000 frappes aériennes et
bombardements sur le Yémen. 90% des
attaques sont des victimes civiles.

L'utilisation de mercenaires pour tuer des
enfants et des femmes, des familles entières qui ne connaissent pas et pour lesquelles ils n'ont aucun sentiment humain, la seule chose qui dirige leurs assassinats est l'argent promis par l'Arabie Saoudite.

ABU FAISAL SERGIO TAPIA

Chronique Les chiffres du Yémen

4 sur 5 Yéménites ou 21 millions de
personnes ont besoin d'une aide
humanitaire urgente dont 10 millions
d'enfants, sur une population de 26
millions, mais
la communauté internationale est à
deux poids, deux mesures: les
pétrodollars de la monarchie font taire
la mort des enfants, Les Nations Unies,
vous savez,
ont d'abord signalé les criminels
saoudiens sur leur liste noire contre les
crimes contre les enfants, puis ils ont
enlevé le nom du meurtrier des enfants
yéménites: Arabie Saoudite ,

pour l'argent, vous savez, fils Faisal,
nous ne sommes pas rien qui vaille la
vie de nos enfants, et moins de mort ...

Juste le silence ... et plus de silence ...
et plus de douleur

ABU FAISAL SERGIO TAPIA

Chronique
La mort sur le marché

Que le marché Rasha, nous voyons donc le cousin, ma mère est heureuse, aujourd'hui, il a été sons pas mauvais, prenez mon carnet de dessins pour Maryam à
lire, ce matin , le ciel est bleu, bleu ...
agence Rasha 7 ans, sa mère de 33 ans et sa cousine Maryam 8 ans ne sont plus tourné Eron se mit à rire, les nouvelles yéménite annonce: « doublefrappe
aérienne sur un marché bondé du nord - ouest au Pakistan mis fin à la vie de plus de 100 personnes, dont 24 enfants, dans l' attaque la plus sanglante
attaque l'aviation royale saoudienne ...
La communauté internationale ... où est-ce?
Il n'a jamais été ...

V

Chronique
La Mer de Sang

J'ai senti l'attaque des avions réduite aux décombres d'Ali . Il y a des dizaines de cadavres de mes frères, de mes amis, mutilés et brûlés par les plombs
des bombes. C'est une tragédie faite par les bêtes, c'est la mer de sang que l'humanité cache ...

ABU FAISAL SERGIO TAPIA

"140 personnes sont mortes et   525 ont été blessés
Dans la frappe aérienne saoudienne contre un enterrement à Sanaa, 300 sacs de cadavres et d'aide
humanitaire sont en route, a rapporté la radio yéménite, " et se termine" Le silence des Nations Unies et de la communauté internationale sont les armes des
assassins "

Chronique 100

La mort des enfants au Yémen a
plusieurs visages, l'une des bombes
directes tombant sur les écoles,
maisons, hôpitaux, marchés,
funérailles,quartiers
entiers ou l'autre la bombe indirecte de
la famine, selon les chiffres de ce
cimetière en plein air dit que cinq
enfants par jour sont morts depuis mars
2015, et avec "tous les enfants au
Yémen "qui ont besoin d'aide
humanitaire, affamés assassinés d'une

autre manière.

Le ministre du roi annonce que les
bombes continueront sur les enfants ...
et l'humanité en silence ... n'est pas ... et
l'enfant du Yémen ... a été oublié.

Combien vaut la vie d'un enfant
yéménite pour la communauté
internationale?
Plus de 1000 jours , 5000 enfants
martyrs

Quel est le nombre d'enfants tués a
besoin
les Nations Unies et la communauté
internationale
sur votre bureau
arrêter ce génocide ...

Oh, j'ai oublié ...
C'est
Yémen

Et les bombes et les armes
Ils viennent des Seigneurs de la Guerre
et son affaire de sang ...
au service
du roi et de sa mort

ABU FAISAL SERGIO TAPIA

IL N'Y A PAS DE LIEU
SÉCURITAIRE ... SEULEMENT
LES MARCHES
DE LA MORT

Chronique de la démocratie occidentale au Moyen-Orient

Mort et destruction à Kaboul
Mort et destruction à Bagdad
Mort et destruction à Gaza
Mort et destruction à Sanaa
Mort et destruction

Comment tu t'appelles ...
Démocratie occidentale.

ABU FAISAL SERGIO TAPIA

10
MINUTES
UN FILS MEURT
PAR VOS MISSILES
DE FAIM…

Chronique sous le ciel algérien de la liberté

Le garçon a crié fort à l'officier
français.
C'est l'Algérie, terre des martyrs que je
lui montre de la main.
Le regard du colonialiste était furieux.
Le garçon a soulevé le désert et avec
son souffle a brûlé l'officier français.
Ainsi est née la libération algérienne de
l'oppression du criminel français.
Histoires du Maghreb.

Impunité et crimes

Le Commandement Sud de la défense
des Etats-Unis souligne qu'il ne
permettra aucune "ingérence" dans les
incursions qu'ils entreprennent contre
d'autres pays, à partir des bases en
Amérique latine et qu'ils ne se
limiteront pas à la lutte contre les
stupéfiants mais donneront "la lutte
contre le terrorisme", et pour quelle
histoire et faits les juges des incursions
de l'armée pentagone quand il atteint un
territoire, ils finissent assassiner et
disparaître les peuples qui ne se
soumettent pas à leurs mandats, violent
les Conventions internationales des
droits humains et les conventions de
Genève, effectuant le nettoyage de
dirigeants et défenseurs des droits
humains, violent les Droits humains

Rappelons que l'armée américaine a commis des crimes contre l'humanité dans les différentes régions du monde où elle est basée, des meurtres, des viols de femmes et d'hommes, causés par des bombardements, des morts, la destruction de maisons, de routes, d'aqueducs, de ponts, de vols et de trafic de drogue comme ce fut le cas en Irak.

Avoir l'impunité pour ces actes aberrants contre la dignité humaine et la vie.

ABU FAISAL SERGIO TAPIA

PLUS JAMAIS
IL Y A PLUS DE FAMILLES,
SEULEMENT DES PIÈCES DANS
KABOUL

Chronique de 70 ans d'occupation

Fouetter pour rien
Fausses résolutions
Mercenaires de l'histoire
Le crime exécuté
Les gens tués

Ma maison brûlée
Mes fils ont tiré
Ma patrie déchirée
Mon grand-père me parle
70 ans de la Nakba
70 ans de génocide
70 ans de martyrs

70 ans de terres volées

ABU FAISAL SERGIO TAPIA

TOUS LES TROIS JOURS MORT UN
ENFANT PALESTINIEN AVEC VOS
BULLETS MADE IN…

Chronique de la trahison de mon frère

Vents en trahison ...
ça se répand ...
de couronne en couronne ...
Huile de désert et or.

Plus traître à son frère que son propre
sang.

ABU FAISAL SERGIO TAPIA

Des témoins comme des mortiers ont
tiré en mémoire
de la toujours Nakba
Al-Quds, Gaza, Jénine ...
et de plus en plus
Washington et Tel Aviv
ils ont scellé leur alliance de sang,
et mon frère
Il m'a trahi.

Ma terre est volée, ma maison est volée, mes enfants sont tués Ça vous intéresse?

ABU FAISAL SERGIO TAPIA

Chronique du fils Martyr

Mon fils dans mon ventre
Il est déjà un martyr.
Cette occupation a décidé
tue nous

Ce qu'ils ne savent pas, que nous avons
décidé de nous libérer.
Poings libres et immortels
le sang que nous avons touché
l'armée criminelle de
Oppresseur

VI

LE CAPITALISME

Le capitalisme connaît aujourd'hui une phase de profondes contradictions, non résolues depuis sa naissance et impossibles à résoudre dans le cadre du système lui-même.

Parmi les principales contradictions du capitalisme :

1) la production et son contrôle ;
2) la production et la consommation ;
3) la concurrence et les monopoles ;

4) le développement et le sous-développement (centre et périphérie) ;
5) l'expansion économique mondiale et ses contradictions ;
6) l'accumulation et la crise ;
7) production et destruction ;
8) la domination du travail et la dépendance au travail ;
9) l'emploi et le chômage ;
10) la croissance de la production à tout prix et la destruction de l'environnement
11) l'expansion impérialiste par des moyens militaires.

Les contradictions insurmontables du système capitaliste provoquent des crimes contre l'humanité tels que la pauvreté pour les grandes majorités, les guerres, les famines, l'exploitation et la détérioration de l'environnement.

Jamais auparavant dans l'histoire la survie de l'espèce humaine n'a été aussi menacée par le pouvoir destructeur du capitalisme et de ses guerres.

ABU FAISAL SERGIO TAPIA

VOUS ÊTES UN GÉNOCIDE EN TOUTE IMPUNITÉ

Chronique du vendredi à Jérusalem occupée

Des larmes de sang ont été
Ce matin dans toute la Jérusalem
occupée
Les criminels rassemblés ont jeté
Son arrogance sur la terre sacrée
L'armée de colère se prépare,
de sorte que chaque vendredi après
l'appel
L'intifada ...
Pour lutter contre l'infamie
de l'histoire volée.

ABU FAISAL SERGIO TAPIA

Qu'est-ce que ça fait d'être le meurtrier d'un peuple héroïque? Monsieur le Premier ministre ...

Chronique de la résistance armée

Ils sont des morceaux cassés
Où personne ne regarde
10 ans et plus.

Quelle douleur pour mes frères.
Appel à la prière sur les ruines.
Priez mon sang pour les martyrs.
Secouez mon âme encore et encore.
Les larmes de l'enfance dévastée.
Ça s'appelle Gaza ...
ma terre bien-aimée
Ça s'appelle la résistance
avec l'âme ... armé.

ETHIOPIE, AFRIQUE

L'immense chaleur sur le terrain, ça
casse tout,
il n'y a pas d'espoir ici,
la condamnation de notre race, pour la
brutalité
le colonialiste s'étend éternellement,
la chair est déchirée,
la faim, arme de guerre,
les nouveaux mercenaires sont déjà
arrivés,
combien de Fadul me demande,
combien de combien,
si c'est l'Ethiopie ...
le cimetière de l'humanité oubliée

CHRONIQUE
DU SILENCE

Ici, la BBC, 150 000 migrants sont
arrivés au Yémen ...
le silence des gouvernements ...
le téléphone sonne dans tous les
bureaux des premiers ministres,
sur chaque minute, un enfant meurt
dans la Corne de l'Afrique,
dans le détroit d'Al Mandeb, dans le
golfe d'Aden,
Messieurs les dirigeants du monde,
leurs bombes de faim tuent et tuent,
Au fait, au Yémen toutes les 10
minutes…
Riad, Washington, Londres ...
tout le monde tapis leurs bureaux
avec les cadavres des enfants
de la corne de l'Afrique
cette chute seconde après seconde ...

VII

Rwanda 1994 les larmes de la l'humanité

Avez-vous déjà tué un Tutsi?
100 jours d'avril, 300 mille enfants
assassinés,
nous sommes noirs, nous sommes
africains,
Une blonde ONU et une européenne
où es-tu?
Vous observez le génocide par mètres,
pendant qu'ils me tuent
tu m'enterre
Le génocide a été organisé
pour le meurtrier et pour votre
indifférence
J'ai blessé
le Rwanda

VIII

Italie le fasciste

L'Italie dans la ligne historique de la pensée brutale contre la condition humaine, amants du fasciste criminel - Benito Mussolini où la Libye, l'Ethiopie, l'Erythrée et la Somalie, faisaient partie de la colonisation italienne en Afrique en 1936-, où aujourd'hui est opposé à l'entrée des immigrants africains, pour une raison historique première, le racisme, la haine, l'apartheid, et sous le slogan raciste imposé à la société italienne

41

Insécurité=Immigration, la création d'un ennemi pour cacher le gouvernement italien désastreux et décadent, la responsabilité de tous les maux incombe à l'immigration et plus encore s'ils sentent l'Afrique, le continent héroïque du leader humanitaire Nelson Mandela.

Analyser le discours criminel italien, qui souligne publiquement que la tuberculose se propage en Italie à cause de l'immigration africaine, un véritable préambule discursif génocidaire.

Il est à noter que l'Italie est responsable des crimes contre l'humanité contre l'Afrique, au cas où l'histoire se chargerait de juger des criminels colonialistes européens, responsables de génocides, comme le Rwanda en 1994, où plus de 800 000 personnes sont mortes en presque 70 jours, dont 300 000 enfants, devant les yeux européens des Belges, Italiens et Français entre autres.

Réfugiés :
Contrairement aux migrants, les réfugiés sont des personnes fuyant les conflits armés, la violence ou la persécution et sont donc obligées de traverser la frontière de leur pays à la recherche de sécurité.

La communauté internationale des organisations de la société civile et des organisations humanitaires condamne l'attitude raciste du gouvernement italien, la Cour européenne des droits de l'homme, et je condamne l'Italie dès 2012 pour les violations des droits humains des immigrants.

Et d'autre part les gouvernements européens, donnent beaucoup d'impunité au gouvernement italien contre les immigrés, le jeu du grand bonnet avec la vie et les rêves des immigrés, et fondamentalement le double standard, les droits humains pour les Européens Oui, mais pour les immigrés africains NON.

L'Italie pour sa proximité de l'Afrique est définie comme le Port, mais il convient de noter que l'Italie n'est pas le Port de l'Afrique, est la tombe de l'Afrique, l'Italie est raciste, son gouvernement encourage la haine des immigrants, nous devrions parler des esclaves africains en Italie, la traite des blanches, les agressions accrues contre les africains, nous pouvons dire que la morale italienne est une morale raciste et génocidaire. L'organisation Amnesty International, souligne le "climat de haine" qui s'est développé parmi les Italiens ces dernières années.

L'hypocrisie criminelle du gouvernement romain, le gouvernement d'un pays d'émigrants, où il y a plus de cinq millions d'Italiens à l'étranger, désigne les immigrants comme les coupables de la crise, de la catastrophe et de la pauvreté en Italie.

La position politique de l'Italie contre l'immigration est tout simplement génocidaire, en violation des articles 2 et 3 de la Convention européenne des droits de l'homme, qui rend obligatoire l'assistance aux personnes ayant besoin d'une aide d'urgence ou de produits de première nécessité comme l'eau, les médicaments ou la nourriture.

La Cour européenne des droits de l'homme a condamné l'Italie dès 2012 pour violation des droits humains des migrants.

ABU FAISAL SERGIO TAPIA

La légalité pénale du gouvernement italien peut-elle être légale pour les valeurs universelles de la dignité humaine ?

Ce n'est pas légal devant les Droits de l'Homme, il me suffit de dire au gouvernement néo-fasciste italien que les cadavres des immigrants africains et des martyrs assassinés par les gouvernements criminels italiens doivent être jetés sur Rome.

Deux fascistes en liberté
Trois jours de génocide en Libye où 4500 Arabes sont tombés, dont des femmes et des enfants, tués par l'armée d'occupation italienne, spécialiste du meurtre de civils.

Cette pensée xénophobe italienne est une véritable nausée, où la Méditerranée, le plus grand cimetière d'immigrants au monde, l'Italie est directement responsable de ce génocide.

IX

La Déclaration universelle des droits de l'homme de la mort

La Déclaration universelle des droits de l'homme est un document qui marque une étape importante dans l'histoire des droits de l'homme dans de nombreux instruments de guerre et de destruction des peuples du monde.

Préparé par les représentants de toutes les régions du monde ayant utilisé les différents antécédents juridiques et culturels, en passant par la guerre à la banque, en passant par le commerce des armes, le service des mercenaires, la Déclaration a été proclamée par Capitales du monde mondial et mondial

de la
guerre et de la guerre, au XXIe siècle
dans sa résolution 2018, en tant qu'idéal
commun pour tous les peuples et toutes
les nations.

La Déclaration établie, qui a été publiée
la première fois, qui a été mise en
œuvre et qui a été transformée en
monde entier et traduite en plus de 500
langues.

X

Sartre et la lutte de libération algérienne

L'engagement de l'intellectuel marxiste Jean-Paul Sartre, contre l'idéologie européenne dominante, soi-disant "progressiste", bourgeoise et raciste, dans la lutte pour la libération de l'Algérie, a une valeur historique pour le mouvement intellectuel de la gauche française.

Dans ce cadre la vision eurocentrique, le processus révolutionnaire algérien, les pays colonisés et surtout la France, responsables des massacres sur les travailleurs algériens, et surtout leurs méthodes de torture impérialiste.

Sartre affronte l'intelligentsia bourgeoise européenne, complice des barbaries sur l'Algérie, où dans la préface du livre de Jean Paul Sartre Préface à Frantz Fanon Le condamné de la terre, il souligne :

1961. Ecoutez : "Ne perdons pas de temps en litanies stériles et en mimiques nauséabondes. Abandonnons cette Europe qui ne cesse de parler de l'homme en même temps qu'elle le tue partout où elle le trouve, dans tous les coins de ses propres rues, dans tous les coins du monde.

Pendant des siècles.....au nom d'une supposée "aventure spirituelle", il a noyé presque toute l'humanité."

ABU FAISAL SERGIO TAPIA

Le ton est nouveau. Qui ose l'utiliser ?
Un Africain du Tiers-Monde, ex-
colonisé. Il ajoute : "L'Europe a acquis
une telle vitesse, locale et
désordonnée... qu'elle va... vers un
abîme d'où il vaut mieux s'éloigner". En
d'autres termes, elle est perdue.
Une vérité que personne n'aime
déclarer, mais dont nous sommes tous
convaincus, n'est-ce pas, chers
Européens ?

Une véritable dialectique entre colonisé
et colonisateur, où les peuples prennent
les armes pour se libérer des griffes
criminelles de Paris.

"Le colon n'a qu'une seule ressource : la force quand il en a encore ; l'indigène n'a qu'une seule alternative : la servitude ou la souveraineté.

Qu'est-ce que ça peut faire que Fanon se soucie que vous lisiez ou non son travail ? Ce sont ses frères à qui il dénonce notre vieille malice, sûr que nous n'avons pas d'alternative. Il leur dit : "L'Europe a donné une patte à nos continents ; les griffes doivent être poignardées jusqu'à ce qu'elles soient enlevées.

Fanon récupère Engels, dans la pratique révolutionnaire, ainsi que la nécessité de l'émancipation nationale avec la construction de la société socialiste, la lutte du peuple contre le pouvoir dominant, Sartre souligne la lutte révolutionnaire, et la lutte du peuple contre la bourgeoisie nationale algérienne colonisée, tandis que le peuple évolue comme sujet actif.

Plus valable que jamais la pensée de Sartre, aujourd'hui plus développé la guerre culturelle impérialiste, les médias à dominer comme un instrument de l'impérialisme, le cas de la Syrie, la Libye, la Yougoslavie, etc.

Rappelons aussi que le camarade Fanon a soutenu la lutte pour l'indépendance de l'Algérie et a été membre du Front de libération nationale algérien.

Son héritage intellectuel révolutionnaire se distingue principalement par l'inspiration des Damnés de la terre qui ont inspiré les mouvements de libération anticolonialistes pendant plus de quatre décennies.

XI

Les ministres de la guerre et de l'enfance comme arme

Vingt-cinq pour cent des combattants des groupes armés sont des enfants et des mineurs. Aujourd'hui, plus de 250 000 enfants sont utilisés comme combattants et des dizaines de milliers de filles sont violées dans 17 régions du monde.

Au cours de l'année écoulée, la pratique de la guerre criminelle s'est intensifiée avec l'enlèvement d'enfants.

Au cours des cinq dernières années, plus de 14 millions d'enfants ont été déplacés à l'intérieur et à l'extérieur de leur pays d'origine et entre 8 000 et 10 000 enfants meurent ou sont mutilés chaque année en raison de l'explosion des mines terrestres. Un combattant sur quatre est un enfant dans les groupes armés.

Aujourd'hui, les principaux groupes qui recrutent des enfants et les utilisent au combat sont les mercenaires terroristes opérant en Syrie, dans l'Armée libre syrienne composée de milices terroristes d'Al-Qaida.

En République du Congo, au Soudan, au Tchad, en République centrafricaine. L'Ouganda et la région des Grands Lacs comptent entre 25 000 et 30 000 enfants liés à des groupes armés tels que l'Armée de résistance du Seigneur, qui recherche le pouvoir politique et le contrôle des ressources naturelles.

Les enfants sont faciles à recruter, à utiliser au combat, à transporter, à utiliser, aux armes de guerre jetables, comme le disent les chefs de guerre, en Syrie ils sont des tireurs d'élite, en Afrique ils sont des combattants sous l'effet de la drogue, transportant des diamants.

Quand un enfant combattant meurt, ils disparaissent, ils le transforment en NN, ils sont faciles à remplacer pour les armées criminelles qui commettent leurs horreurs contre l'humanité entière.

Tout d'abord, il s'agit de crimes contre la dignité humaine, contre la dignité de l'humanité, comme le prévoit le Statut de Rome qui prévoit la Cour pénale internationale, à savoir : a. les crimes de guerre ; b. les crimes contre l'humanité ; c. le crime de génocide.

Demandons à la communauté internationale de dénoncer ces crimes contre l'humanité contre les enfants recrutés par les groupes armés et de traduire les responsables du génocide contre les enfants devant la Cour pénale internationale, sous l'accusation de génocide contre l'humanité.

Le meurtre d'un enfant est un crime contre l'humanité tout entière et, de là, il nous reste à lutter pour la justice et la mémoire historique contre les crimes contre les enfants, qui sont souvent commis dans le silence du monde.

"Avant même la découverte de l'Amérique, obéissant à l'expansion européenne à la recherche de nouveaux marchés où se procurer des matières premières pour leurs industries naissantes, l'Asie et l'Afrique ont fait l'objet de la visite et du viol déguisés sous le titre pompeux de COLONISATION, de ces pouvoirs"

Commandant Che Guevara
Algerie

ABU FAISAL SERGIO TAPIA

Imprimé à Buenos Aires
Argentine